COMO VENDER BEM

Dados Internacionais de Catalogação na Publicação (CIP)
(Câmara Brasileira do Livro, SP, Brasil)

Busatto, Cléo
Como vender bem: a arte de se comunicar contando histórias / Cléo Busatto. – Petrópolis, RJ : Vozes, 2017.

ISBN 978-85-326-5362-8

1. Administração de vendas 2. Arte de contar histórias 3. Comunicação oral 4. Linguagem 5. Vendas 6. Vendas e vendedores I. Título.

16-08651 CDD-658.85

Índices para catálogo sistemático:

1. Vendas : Comunicação : Administração 658.85

CLÉO BUSATTO

COMO VENDER BEM

A ARTE DE SE COMUNICAR CONTANDO HISTÓRIAS

EDITORA VOZES

Petrópolis

Rua Frei Luís, 100
25689-900 Petrópolis, RJ
www.vozes.com.br
Brasil

Editoração: Flávia Peixoto
Diagramação: Sheilandre Desenv. Gráfico
Revisão gráfica: Nilton Braz da Rocha
Capa: HiDesign Estúdio

ISBN 978-85-326-5362-8

Editado conforme o novo acordo ortográfico.

Este livro foi composto e impresso pela Editora Vozes Ltda.

Sumário

Apresentação

Este livro é dirigido a todas as pessoas que usam a palavra como instrumento de trabalho, seja para vender ideias, projetos ou produtos. Nele, eu descrevo as técnicas essenciais para você se tornar o melhor vendedor, contando histórias.

Apresento um mapa para você se orientar. Nesse mapa, os caminhos a serem percorridos: o caminho da linguagem, da comunicação, da *performance*, das imagens, do ritmo, da intenção, do corpo, da visualização, da preparação e o caminho do coração.

Apresento uma síntese do capítulo anunciando o que você verá em cada caminho, que será detalhado em seguida. Ande em cada um com passos leves. Observe suas margens. Enquanto anda, espie na floresta que se estende à volta delas. Descubra as pistas que mapeei. Paisagens que anunciei. E faça você mesmo o seu.

Uma dica: antes de iniciar, esqueça sua profissão. Pense apenas no personagem que você busca – o contador de histórias e seu bornal de encantos. Visualize esse sujeito que detém o poder de lançar imagens no ar e provocar encantamentos sobre o ouvinte.

Pode ser que nessa floresta você encontre um outro personagem, hábil em lidar com o verbo encarnado e convencer o outro de que aquilo que diz é real. E não se espante ao descobrir que esse personagem é você.

Ao finalizar sua caminhada o mapa estará na palma da sua mão, porque você terá trilhado todas as vias que levam à fala expressiva e que fazem a diferença na sua floresta, ops!, quero dizer, na sua área de atuação.

Cléo Busatto

A linguagem

Leia. Leia muito.

Se você não for um bom leitor, não será um bom vendedor. Tampouco irá conseguir contar uma boa história, daquelas com ponto, vírgula, interrogação, exclamação, suspense, encantamento, convencimento. Mas não leia apenas jornais e revistas semanais. Leia literatura de qualidade.

Leia em voz alta. Ouça a sua leitura. Perceba o que deve e pode ser alterado para que ela se torne mais fluida e envolvente. Lembre-se, a linguagem é um arranjo de sons, não de letras. Ao ler você exercita a linguagem e, consequentemente, organiza o pensamento, condição essencial para se construir uma narrativa.

A narrativa nada mais é que o encadeamento harmônico e coerente de várias ideias, com alguns objetivos. Um deles é convencer o outro.

A palavra que nos qualifica

> *Contar histórias é uma arte porque traz significações ao propor um diálogo entre as diferentes dimensões do ser*[1].

Vamos começar falando da linguagem, ponto de ligação entre o homem e as realidades que o cercam. Desde a Grécia antiga, filósofos, linguistas e pesquisadores vêm escrevendo ensaios sobre o assunto, afinal, a linguagem é aquilo que nos qualifica enquanto seres humanos, certo?

Ainda que existam várias linguagens disponíveis para se estabelecer a comunicação entre os seres, como a linguagem corporal e visual, é a linguagem verbal, aquela que se manifesta na forma da palavra falada, que permite que a comunicação se estabeleça imediatamente, quando se fala a mesma língua.

A linguagem distingue povos e nações. Onde quer que haja seres humanos há uma língua para ser falada e ouvida. A palavra falada é o que nos distingue dos animais.

Alguns pesquisadores sobre a oralidade afirmam que a fala é inata à espécie humana, ao contrário da leitura e da escrita que são tecnologias aprendidas. Nascemos com uma estrutura biologicamente herdada, capaz de nos habilitar ao desenvolvimento da oralidade.

---

1. BUSATTO, C. *Contar e encantar* – Pequenos segredos da narrativa. 8. ed. Petrópolis: Vozes, 2012 [Em cada capítulo você irá ler um item do Manifesto do Contador de Histórias contido neste livro].

Ora, se a linguagem é o que nos identifica como ser humano; se a fala nos foi dada como herança genética pela espécie humana; se a oralidade é a ferramenta mais eficaz para se estabelecer a comunicação, então que façamos as coisas bem-feitas. Se tudo nos foi dado é inconcebível que falemos mal, que nos expressemos de forma tosca e limitada.

É sabido que a força criadora da palavra reside naquele que a pronuncia. Quando se comunica com alma, falar se torna um exercício de afetividade e ternura. Quem fala bem, pensa bem. Quem pensa bem, escreve bem. Quem escreve bem, lê bem. Quem lê bem, se comunica que é uma maravilha. Envolva-se com a palavra bem dita.

Leia para você e para o outro. Vamos nos desviar um pouco do caminho, para eu lhe mostrar alguns atalhos e possibilidades de fazer da leitura um ato de amor. Leia para seu filho, ainda que seja um pequeno livro por semana. Com isso, você colabora para que ele amadureça emocionalmente. Nutra-o com a mais pura fantasia e ele vai se tornar um adulto mais íntegro e, consequentemente, feliz.

Leia para seus companheiros de trabalho. Sabe aquele instante do cafezinho, aquela parada necessária para esticar o corpo e esvaziar a mente? Aproveite-a bem lendo algumas páginas de um bom romance, ou de um livro de contos curtos. Em poucos dias vocês terão compartilhado histórias bem mais interessantes do que os comentários sobre o tempo, ou sobre as desgraças apresentadas no jornal da TV, na noite passada.

Quem sabe você não vai atrás de um livro que possa ajudar os colegas a administrar situações estratégicas e delicadas como: lidar com a liderança; resolução de conflitos (existem contos que se encaixam muito bem a essa situação); ética corporativa; desafio às mudanças permanentes; trabalho em equipe.

A leitura sempre é bem-vinda. Amplia nossos horizontes. Torna-nos mais comunicativos e integrados. Habilita-nos a escrever bem. Propõe novos desafios ao cérebro. Reduz o estresse.

Insisto. Leia em voz alta e grave a sua leitura. Faça uma escuta atenta e crítica. Leu rápido? Leu devagar? Leu sem dar ênfase ao texto? Entende-se bem o que você fala? Precisaria articular melhor as palavras? Entende-se bem os finais ou eles desaparecem porque não há ponto final na sua frase? O que você entende e identifica que precisa ser alterado na sua leitura?

Lendo para o outro você treina o seu contador de histórias. Se for um bom leitor certamente será um bom narrador.

A comunicação

Contar histórias é um ato comunicacional.

Deixe surgir o contador de histórias que existe em você. Não se deixe levar pela timidez e pela crença de que você não sabe se expressar e falar em público.

Sabe sim. Timidez se vence dando a mão para ela e andando juntos. E com treino. Muito treino para adquirir segurança. Depois que o roteiro estiver memorizado e arquitetado, é só deixar fluírem as imagens guardadas em algum canto escondido do seu ser.

Lance o seu feitiço verbal aos ouvintes atentos e atinja seus objetivos. Lembre-se: contar histórias mobiliza os afetos. A narrativa é o ato de imprimir nos outros a memória que antes foi despertada em si próprio.

O homem sempre contou histórias

Contar histórias é uma arte, uma arte rara, pois sua matéria-prima é o imaterial, e o contador de histórias um artista que tece os fios invisíveis desta teia que é o contar.

O homem sempre contou histórias, portanto, conte você também a sua. Contar histórias aproxima as pessoas. Vamos entender como as narrativas passaram a fazer parte da história do homem e se fixaram na memória das sociedades.

Ao longo da trajetória humana as pessoas inventam e contam histórias seja para informar, ensinar, educar as emoções ou para passar tempo. Se elas surgem de uma necessidade do homem em explicar as coisas que não são concebíveis racionalmente, dotando de significados a sua existência, chegamos a uma categoria de contos aos quais damos o nome de lenda.

Essas histórias que surgem num contexto coletivo, sem que lhes seja concedido uma autoria exclusiva, constituem a chamada literatura oral. Elas vão criando corpo por meio da repetição do mesmo enredo. Cada voz que narra contribui com novos elementos para a sua estrutura.

Lembra-se daquela história do chupa-cabra? Tanto se falou sobre ele, que a história atravessou fronteiras e ganhou vida própria. Não tinha um canto da área rural, por onde o danado não tivesse passado. Tornou-se uma lenda.

Se a história for suficientemente interessante a ponto de provocar o interesse de um grupo de pessoas, ela tende a se fixar nesse núcleo e se expandir para outros cantos. Com o tempo, esses textos recebem nominações diferentes. Podem adquirir o formato de lendas, contos maravilhosos, mitos.

Essas criações da imaginação humana coincidem com a primeira categoria conhecida do ser humano, o *homo sapiens*. O filósofo italiano Giambatista Vico relacionou o surgimento da imagem-ideia de uma divindade aos estrondos do trovão. Ao ouvir essa manifestação da natureza, o homem a relacionou com um poder superior a ele. Foi assim que começaram a surgir os primeiros indícios de um pensamento mitológico atribuído pelo mitólogo Joseph Campbell à remota época do homem de Neandertal.

A partir daí o ser humano passou a fazer uso da narrativa para contar a sua história. Durante milênios, o conhecimento de um povo, seus sistemas de crenças, tradições, os ensinamentos sobre as verdades da vida e da morte, se mantiveram vivos através da oralidade, por meio da voz de um personagem dotado de uma memória ímpar.

Tais figuras se encarregavam da função de ser o porta-voz da mítica, dos conceitos éticos e da sabedoria da sua comunidade. Mesmo com o surgimento da escrita e da prensa de Gutenberg, essa forma de comunicação permaneceu (e permanece) viva em diversos lugares do planeta.

Esse portador da voz encantada recebeu diferentes nomes por onde passou: rapsodo, na Grécia antiga;

bardo ou menestrel, durante a Idade Média, na Europa; *griot,* para os africanos; xamã, para os povos indígenas. Fosse um jovem de memória prodigiosa, ou um ancião que carregava na memória a história, ele era simplesmente o contador de histórias. Grandes mestres ocuparam essa função, como Jesus Cristo e Buda.

Esse personagem se apropriava da narração oral como via para organizar o caos, perpetuar e propagar os mitos fundacionais das suas culturas. Ele mantinha vivo o pensamento do seu povo e o divulgava por meio desta arte. Sua forma de expressão e comunicação era a voz manifestada por meio de um corpo receptivo e maleável.

Até agora falamos desse sujeito encantado conjugando os verbos no pretérito. Mas ele vive no tempo presente e atuante na contemporaneidade. Você já deve ter ouvido, visto e se deixado levar por um contador de histórias dos tempos atuais. E não falo desse narrador que encontramos nas livrarias, nas festas infantis, nas bibliotecas, vestindo uma roupa colorida e contando histórias para as crianças.

Falo de pessoas comuns, porém agraciadas com o dom de contar, donas de um corpo falante, expressivo, que ao narrar um simples fato acabam nos envolvendo na sua história. Sim. O contador de histórias não fala apenas com a boca. Ele deixa as palavras escorrerem pelas pontas dos dedos, pelos olhos, quadris e ombros. Cria, com o sonho que ele desperta, uma situação psicológica na qual envolve a audiência, e ambos, narrador e ouvinte, são enfeitiçados pelas imagens que passam diante deles.

E, se falei do contador arquetípico, é só para lembrar que essa função, à qual você está se habilitando, é tão antiga quanto a idade do homem. E necessária. O tempo todo estamos num processo de convencimento, em que usamos a palavra falada como instrumento dessa ação.

Não importa se você é professor ou aluno, vendedor ou gerente, médico ou paciente, pai ou filho. Não faz diferença o setor em que você atua, se no comércio ou na indústria. Na educação ou na área da saúde. A todo momento estamos nos apropriando de um texto falado, para comunicar uma ideia, vender um projeto, atingir uma meta.

Agora volte ao *Manifesto do contador de histórias*, do início deste capítulo. Este item, que nos fala sobre a matéria impalpável e onírica de que são feitos os contos, e que por isso mesmo os torna tão encantadores e impactantes, é um dado importante para entendermos como caminhar nessa trilha.

Você é quem tece o fio da história. Pense nisso.

A *performance*

Lembre-se da expressividade que convence.

Descubra a hora certa para contar a sua história. Perceba se há uma disponibilidade do outro em lhe ouvir. A comunicação ocorre quando duas ou mais pessoas estão predispostas a ela.

Coloque-se numa situação de *performance*. A *performance* se distingue da fala cotidiana por ser uma fala expressiva, que utiliza o ritmo, as intenções e as imagens para envolver o ouvinte.

Lembre-se que você está numa situação de convencimento, por meio de um ato artístico. Seus argumentos devem estar previamente ordenados para o desenvolvimento dessa ação dramática.

Seu corpo e sua mente devem estar previamente treinados para a atuação. Seu campo emocional deve estar aberto e receptivo. Olho no olho. Com isso sua história vai acontecer.

A fala que convence

A arte de contar histórias traz o contorno, a forma. Reatualiza a memória e nos conecta com algo que se perdeu nas brumas do tempo.

Falar com desenvoltura dentro do contexto que se apresenta fortalece o senso de cidadania, promove a interação social, oferece instrumentos argumentativos que propiciam a comunicação entre as pessoas e o convencimento desejado sobre o assunto em pauta.

Para que a fala seja clara e expressiva é necessário, além do conhecimento no assunto, ter um amplo vocabulário e uma mente estimulada a construir textos mentalmente.

Lembra-se do primeiro caminho? Leia muito. Leia textos narrativos, romances, contos, crônicas. Por meio da história do outro, nós nos habilitamos a construir histórias. Quem lê bem, fala bem. A oralidade pressupõe encarar a fala como uma aliada ao processo de conhecimento. Implica retomar e tomar ciência do exercício de falar em público, da fala com técnica e desenvoltura, de se colocar numa situação de *performance*.

A oralidade é considerada uma *performance* quando ela se diferencia de outras situações da fala cotidiana, ao se revestir de expressividade. Essa manifestação de força e vivacidade se traduz no conjunto de atributos e valores estéticos, que você dispõe para apresentar a sua história, tais quais: energia vital e mental; corpo ágil e flexível; gestos limpos e definidos; timbre e volume de voz corretos; semblante sereno que permite a melhor tradução dos afetos do texto, como alegria, coragem. E, por fim, um bom texto.

De nada adianta você ser um exímio contador de histórias se o texto for ruim, gramaticalmente pobre e com argumentos facilmente desmontáveis. Seu poder de persuasão está diretamente ligado à força dramática do texto.

Porém, o oposto também é verdadeiro. Podemos ter um excelente texto em mãos e destruí-lo com a nossa *performance*. Crie ou trabalhe com um, que se valha de ideias claras e bem-fundadas. Assim, você irá envolver os ouvintes com sua fala ordenada previamente por um texto bem-escrito.

A fala que convence tem suas especificidades, como o domínio do ritmo, a exatidão das intenções e a visualização interna das imagens apresentadas pelo texto. O ator, diretor e escritor russo Constantin Stanislavski induzia os atores do seu grupo a representarem com convicção, dizendo que "ouvir é ver aquilo de que se fala: falar é desenhar imagens visuais". Seja você também um bom ator, conte uma boa história.

Antes de narrar crie a história na sua tela mental. Consequentemente, quando você a verbalizar, as imagens estarão formadas no seu cérebro tão claramente que os ouvintes vão enxergá-las com facilidade. Você terá lançado no ar imagens nítidas e memoráveis, terá criado a magia do convencimento para a venda da sua ideia, projeto ou produto.

O prazer e o deleite em ouvir um texto é resultado da condição que o narrador tem de transformar o escrito em oralizado, os signos gráficos em imagens visuais. A comunicação humana não atua numa mão única. Para falar e ser bem ouvido é preciso entrar num canal de comunicação com a mente à qual devo me dirigir, e isso deve acontecer antes da fala.

É importante estabelecer um contato com o ouvinte, com o interlocutor. Deve-se perceber na mente do outro algo com que o discurso possa se relacionar. Esta ligação pode se dar através do olhar. A empatia que se estabelece entre narrador e ouvinte favorece o sucesso da comunicação, e se revela por meio da atuação do narrador e da condição de escuta sensível do outro.

A seguir vamos aos passos para se criar uma situação de *performance*.

As imagens

Dê corpo às imagens da história.

Existem três categorias de imagens que você pode evocar para dar vida à sua história: as imagens verbais, as imagens sonoras e as imagens corporais.

Palavras que se tornam imagens. Imagens desenhadas por gestos definidos. Sons plenos de querer dizer. Narrar significa também a capacidade de traduzir oralmente as imagens contidas no texto.

Crie um roteiro mental com as imagens. Ao incorporá-las você dá corpo às palavras e cria oportunidade para que o outro seja coautor da história.

Essa técnica promove o envolvimento do sujeito com a sua *performance* e o sucesso da sua apresentação. No final da atuação, o ouvinte terá visto aquilo que você disse e ouvido aquilo que você viu. Sucesso na certa.

A condição de criar paisagens

Imagens verbais

> *O contador de histórias cria imagens no ar, materializando o verbo e transformando-se ele próprio nesta matéria fluida que é a palavra.*

Chamo de imagem verbal aquelas que o próprio texto oferece e que se encarregam de criar uma paisagem, inicialmente na mente do contador de histórias, depois na mente do ouvinte. Para que isso ocorra é necessário que o texto tenha algumas qualidades.

Deixe-me abrir um parêntese. Criar um texto técnico, para a venda, por exemplo, é trabalho para um redator. Mas, ainda que você não exerça essa função, sempre haverá um momento em que precisará construir um texto, para uma entrevista de emprego, quem sabe. Nesse caso, e mais do que nunca, seu texto deverá ser limpo, transparente e convincente.

Mas o que é qualidade para um texto que pretende vender algo? Frases curtas e bem construídas. Adjetivos bem escolhidos e que traduzem corretamente o que o substantivo representa. Tamanho justo para causar o impacto. Repetição de detalhes (não mais que três vezes) considerados importantes para se fixar algo. História do produto ou do cliente, descrita com verdade e sentimentos, afinal, é essa verdade inserida no texto, essa relação afetiva que se apresenta ao ouvinte, que vai encantá-lo e que vai promover a venda.

Vamos a um exemplo simples das imagens verbais. Vou apresentar ao meu cliente o texto de lançamento de um novo produto, que é um biscoito dirigido ao público infantil, inspirado em fábulas para crianças. O texto deverá oferecer imagens tão exatas que o ouvinte poderá construir o biscoito na sua mente.

Eu descrevo o formato inspirado nos personagens da fábula escolhida. Detalho com precisão a sua textura, as cores, os sabores que lembram as frutas citadas na história. Com esses elementos podemos elaborar uma narrativa para a apresentação.

Porém, antes de começar a expor a ideia, ou seja, a contar história, eu crio um roteiro mental, um *storyboard*[2] com a sequência das imagens, como se eu estivesse assistindo a um filme.

Eu imagino aquilo que vou dizer, passo a passo: primeiro, vejo o biscoito na forma de personagem. Em seguida, para falar das sensações provocadas ao paladar, eu associo sua textura crocante, logo, eu me imagino comendo o biscoito e ouvindo o som que ele faz ao ser mastigado. Para falar do sabor busco a imagem da fruta. Sigo na construção deste roteiro mental, até seu final. O desenho mental é uma forma inicial de apreender o mundo.

---

2. Roteiro de desenhos que mostram a sequência das cenas de um filme.

Concluída e construída a visualização da história na minha tela mental, eu faço o caminho inverso e transformo essas imagens em palavras. Hora de apresentar a ideia ao cliente. Agora será a vez de o ouvinte criar o filme na sua cabeça. A minha capacidade descritiva provocará um estado de espírito favorável que despertará afetos, neste caso, lembranças da infância do ouvinte, e então o convencimento se estabelece e eu vendo a ideia.

Os povos de cultura oral eram minuciosos nos detalhes, pois essas imagens faziam parte do seu estilo narrativo e constituíam fórmulas para acessar a memória. E o mais importante, a visualização ajuda a recuperar a concentração perdida e a retornar ao ponto onde estava. Portanto, se durante uma narrativa você divagar e perder o fio da história, relembre-se do seu roteiro de imagens.

Diversos são os caminhos que levam ao imaginário, porém gostaria de apontar duas vias de acesso à formação de imagens. A primeira é a via da visão: vejo, construo a imagem, fixo a informação. A segunda, a via da audição: ouço, construo a imagem, fixo a informação.

Gostaria de apontar também a via de fixação das imagens, que é a via do afeto. Quanto mais uma imagem é carregada de afetividade, maior é a possibilidade de ela se fixar e permanecer ativa por muito tempo, como memória de algo importante.

Imagens sonoras

> *As imagens sonoras são pequenos recursos poéticos propiciadores de encantamento, pingos de deleite para os ouvidos de quem ouve a história. Grunhidos, sons, duplos sons lançados no espaço, animando a recepção. Onomatopeias, fragmentos sonoros carregados de querer-dizer, projetando no espaço, onde se movem narrador e ouvinte, paisagens sonoras nítidas*[3].

A onomatopeia é um sistema de escrita econômico e altamente imagético. Por si só faz a cena. Se durante a apresentação do biscoito eu emitir um *crec crec*, imediatamente virá à mente do ouvinte a característica do biscoito, sem que para isso eu precise usar palavras para descrever como ele é crocante e a deliciosa sensação que provoca ao ser mastigado.

Onomatopeias dão colorido à narrativa, descontraem e acrescentam o elemento de humor à sua história. Escolha uma ou duas passagens, onde reconheça ser pertinente o uso dessa imagem sonora. Escolha a imagem e vá atrás do som correspondente. É divertido. Descontrai o ambiente e deixa as pessoas mais receptivas à sua fala.

Atenção. Esse é um recurso a ser usado com parcimônia. O exagero estabelece o risco de infantilizar a narrativa. O mesmo ocorre com o uso demasiado dos diminutivos. Nunca, mas nunca mesmo, idiotize a história,

---

3. BUSATTO, C. *A arte de contar histórias no século XXI* – Tradição e ciberespaço. 4. ed. Petrópolis: Vozes, 2013.

usando excesso de diminutivos, tatibitate e outros recursos desse tipo.

Lembre. Contar histórias é um ato da fala, mas também uma arte e podemos usar essa arte para atingir qualquer segmento, seja o público infantil, juvenil ou adulto. Tudo depende da qualidade da linguagem utilizada.

Imagens corporais

Por fim, as imagens corporais, ou seja, aquilo que é desenhado pelo corpo maleável do narrador. Antes que você pense que é necessário construir uma coreografia na frente do seu cliente, deixe-me lhe dizer, imagem corporal é apenas um traço que preenche o espaço, que traz a forma, o contorno, que tem peso, consistência, direção e dimensão.

Porém, um traço carregado de significado. É uma descoberta do contador de histórias, um fragmento da sua intuição que se manifesta no momento certo e provoca no ouvinte uma condição favorável para imaginar a cena construída.

Contar histórias implica criar imagens no ar e dar corpo ao que era inexistente. Lembra-se?

Você pode estar se perguntando, mas o que a autora quer dizer com "um traço que preenche o espaço"? Explico. Eu desenho no ar, com a minha mão, meu dedo, exatamente aquilo que quero mostrar ao outro. E para que o outro veja aquilo que estou construindo com as mãos, eu executo uma ação simples. Acompanho com o meu olhar aquilo que estou desenhando. Dou foco para essa ação.

O contador de histórias vê o que cria, enquanto cria, e esta condição é dada pelo olho, que acompanha o traço que preenche o espaço. É esse olhar que vai provocar a ilusão de que a coisa construída de fato existe e, para o imaginário, essa ilusão é real. Ao seguir com os olhos o movimento concebido ele projeta energia para as imagens, dá vida a elas, e aos poucos elas vão se corporificando diante do espectador.

Quer ver? Imagine que você está desenhando à sua frente o biscoito que tem a forma de um pato. Faça esse experimento com um colega. Peça para ele observar o exercício. Na primeira vez, você irá desenhar o pato no ar sem olhar para aquilo que está desenhando.

Na segunda vez irá acompanhar com o olhar o desenho que está construindo. Com certeza seu colega vai dizer que, na segunda apresentação, ele conseguiu identificar a sua imagem, que você tinha sido mais leve, mais expressivo. Eu faço esse exercício durante as oficinas que ministro e sempre há devolutivas com essas observações.

Durante a narrativa brinque, uma ou duas vezes, com esse recurso. É uma técnica que sempre funciona. No final da apresentação o ouvinte terá visto apenas aquilo que você já havia visto anteriormente.

Lembre-se. Você está provocando leituras a todo momento. O seu corpo fala. A importância da corporeidade do contador é tão determinante numa narrativa que preparei um capítulo só para esse assunto.

A visualização

A palavra não é apenas um som, é uma evocação de imagens.

Imagens são fortes aliadas no processo de compreensão de um texto e ampliam o seu teor emocional. E mais, a visualização ajuda a recuperar a concentração perdida e é forte aliada no processo de memorização.

Só podemos falar daquilo que conhecemos. Portanto, veja o que você vai dizer, porque o outro verá exatamente aquilo que você falou.

Posso ver aquilo que falo

A arte de contar histórias nos liga ao indizível e traz resposta às nossas inquietações.

No capítulo anterior já introduzimos a conversa sobre a visualização das palavras, ou seja, ver aquilo que se fala, materializar as palavras no espaço onde a história é narrada. A visualização provoca harmonia entre o que é simbolizado e o que é dito, e o que é percebido e entendido, mas não dito.

A palavra encerra força. Basta lembrar que a tradição popular criou vários provérbios que apontam para o poder da palavra. Quer ver? "Há três coisas na vida que nunca voltam atrás: a flecha lançada, a palavra pronunciada e a oportunidade perdida." Ou, "seja dono da sua boca, para não ser escravo das suas palavras".

Mas o que importa aqui é como usar esta matéria mental. Como modelar as palavras para que elas sejam um instrumento da sua vontade. Como transformar essa energia em imagens tão poderosas que podem fazer emergir as reações que você deseja para comunicar aquilo que você quer.

O desenho mental é a forma inicial de apreender o mundo. Primeiro vemos a palavra, depois a emitimos. Quando estamos ouvindo, primeiro recolhemos pelo ouvido o que nos dizem, depois formamos a imagem mental do que escutamos.

A concentração é importantíssima numa narrativa. Ela é quem vai manter seu fio narrativo coeso e a atenção do ouvinte. Qualquer distração pode provocar um erro de lógica, o que provoca um erro no conjunto todo. Por exemplo, você deixou que o cotidiano se intrometesse na sua apresentação e acessou imagens da discussão que teve pela manhã. Está estabelecido o equívoco.

Uma imagem inadequada, um sentimento equivocado, um tom fora do contexto, provoca confusão no ouvinte. Lembre-se que ele recebe as informações como se estivesse vendo um filme. Um erro desconcentra o sujeito-ouvinte, que perde interesse no que está ouvindo, por se perder neste bosque narrativo.

É comum os narradores cometerem este deslize. Eles podem ter humor e presença, mas quando não sustentam esta atividade interior deixam o ouvinte escapar no meio da história. Bom narrador provoca comentário do tipo: "Nossa, eu vi tudo o que você falou, eu vi, como se estivesse assistindo um filme, do início ao fim".

Outra pista a ser seguida, quando se pensa na visualização das palavras, está relacionada aos afetos que permeiam as imagens. Quanto mais uma imagem é carregada de afetividade, maior é o efeito que ela provoca. Escolha uma, duas palavras, que você considera imagens-chave, para auxiliar a construção da sua história. Dê a ela a qualidade exata que ela carrega. Afinal, uma menina não é apenas uma menina. Ela pode ser boa, má, bonita, feia, alta, baixa, gorda, magra, afável ou intragável. Isso faz diferença quando você pensa na visualização das palavras. Intenção correta, imagem precisa.

Quando você narra uma história com esse fio condutor, a visualidade da fala, não perde a ponta da meada. Pensar no que vai falar facilita a visualização plena, promove uma fala precisa, cadenciada e harmoniosa. Palavra visualizada é feixe de luz que ilumina a jornada encantadora que é a narração oral.

O ritmo

Ritmo sempre, do silêncio ao som.

A vida pulsa. A vida é marcada pelo ritmo da respiração. Pelo ritmo da circulação. Pelo ritmo do movimento do corpo. Pelo ritmo da voz.

Imprimir ritmo numa narrativa não quer dizer falar velozmente do início ao fim do texto. Não é a velocidade na emissão da voz que importa nesta situação, mas sim a correta relação entre a velocidade mental, que é a capacidade de pensar ágil, de se adaptar às situações, e a percepção correta do momento de silenciar.

O silêncio na narrativa é uma das condições para encantar. Ele, o silêncio, é o tempo dado ao ouvinte para que ele, o ouvinte, se torne cúmplice da história ao construí-la com o contador.

Ritmo também quer dizer pensar durante a narrativa. O ato de pensar antes de falar o texto regulariza o ritmo da fala, estabelece segurança na emissão sonora e, consequentemente, cadência na apresentação. Sucesso certo.

Aquilo que me move

O contador de histórias nos faz sonhar, porque ele consegue parar o tempo, nos apresentando um outro tempo.

Com certeza você já ouviu alguém dizer: "caramba, perdi o ritmo!", ou "estou no ritmo certo!" Ou, quem sabe, você já esteve com uma pessoa que tentava contar uma história, uma piada, mas não levava jeito para a arte. Esquecia a sequência, repetia o mesmo trecho duas ou três vezes, voltava atrás, confundia os efeitos, as intenções, introduzia inúmeras muletas verbais, como os né, aí, então. Uma tragédia, concorda?

Nada é mais desagradável do que uma narrativa morna, que segue aos solavancos, que abre espaço para o bocejo, para a desconcentração, que faz a mente ir para espaços distantes daqueles sugeridos pela história. Ela gera desconforto em quem está ouvindo. Uma ofensa ao ritmo, como nos ensinou Ítalo Calvino, em seu livro *Seis propostas para o próximo milênio*[4].

Pois bem. Quem não tem segurança do texto compromete a andadura da narrativa e, consequentemente, perde o ritmo. Uma sensação horrível para quem está nesse papel. Eu já me vi em situação assim, porém minha prática narrativa me salvou. Se você ainda não tiver incorporado uma técnica que resulte em fluência narra-

---

4. CALVINO, Í. *Seis propostas para o próximo milênio*. São Paulo: Companhia das Letras, 1990.

tiva, treine sua apresentação dez vezes mais do que treinaria se já tivesse percorrido uma boa estrada na arte de contar histórias.

Não há coisa mais entediante do que estar em frente a um sujeito que tenta nos vender algo e não tem o conhecimento básico do seu produto. A apresentação se torna uma enrolação. E se, ao perceber que está escorregando, a pessoa tenta fazer conexões com assuntos fora do contexto, é desastre na certa.

Ou ainda, a pessoa pode ter conhecimento do assunto, mas não consegue articular os pensamentos de tal forma a construir um texto envolvente. Certamente, ela vai afugentar o comprador. Outra situação que compromete o ritmo é a repetição desnecessária de informações já enviadas pelo emissor. Isto dilui a força do que foi dito anteriormente.

Ter o domínio do ritmo implica ter segurança daquilo que vai se falar. Memorize a sua apresentação e pratique sozinho. Conte a história para você mesmo, inúmeras vezes, enquanto toma banho, enquanto caminha. Conte para as pessoas da casa, conte para o amigo. Veja a reação deles enquanto você narra. Depois peça a sua opinião. Pergunte se você os convenceu com a sua fala. Faça como os profissionais da palavra. Treine muito antes da apresentação.

Podemos entender o ritmo na narrativa, como a velocidade usada na emissão do texto, ora mais ágil, ora mais vagaroso. Ou com a entonação usada, ora com mais volume de voz, ora com menos, ora jogando com os graves, ora com os agudos. De fato, esses predicados colaboram para se criar uma melodia. Porém, ritmo tem a ver, inicialmente, com visão de mundo.

Cada sociedade tem seu ritmo peculiar e é fácil nos deixarmos levar pelo ritmo coletivo. No caso da sociedade atual, o ritmo veloz faz com que fiquemos com a sensação de que o tempo escorre por entre os dedos, sem que possamos fazer nada, esquecendo que somos nós os fazedores do ritmo. O ritmo e o tempo estão dentro de nós.

No meu livro *A arte de contar histórias no século XXI*[5], eu falo que "a velocidade com que as coisas se apresentam para nós pode ser entendida como ausência de interioridade, uma marca rítmica da sociedade pós-moderna. A condição imposta por esse ritmo, a de sermos objetivos e pragmáticos, práticos e rápidos, contraria os princípios de uma narração oral".

Durante uma narrativa há que se respeitar o tempo da história. Apressá-la, apenas porque o outro tem pouco tempo para ouvir, só vai lhe prejudicar. Encontre o momento adequado para a apresentação, mas não caia na armadilha de "apresentar correndo".

Ok, você vai me dizer: "Mas não é assim que acontece no mundo corporativo – nele, tempo é dinheiro". E eu vou lhe responder: "Ok, apenas preste atenção nisto: Você prefere arriscar o tempo valioso que seu cliente tem, fazendo uma apresentação desarmônica, ou prefe-

---

5. BUSATTO, C. *A arte de contar histórias no século XXI*... Op. cit.

re negociar um tempo adequado a ambos e ter sucesso na apresentação?"

A consciência do ritmo confere musicalidade e harmonia à história narrada. Mas para chegar a ele é necessário ter a clareza das intenções, que é o nosso próximo assunto. Numa narrativa tudo se relaciona equilibradamente.

Ah! Lembre-se do silêncio na narrativa. Ele é essencial. Aqui o silêncio não é vazio, mas pleno de significados. Há algo sendo dito por trás desse calar e que pode ser lido nos olhos, no corpo inteiro do narrador. Descubra qual o momento para fazer uma pausa. Será um tempo mínimo, mas o suficiente para o ouvinte imaginar aquilo que você sugere.

Voltamos à historinha do biscoito. Após emitir, sonoramente, deliciosos *crec crec,* permita que o ouvinte também se veja comendo esse biscoito. E retome a narrativa, lá no alto, com uma boa energia na emissão sonora.

O silêncio na narrativa cria espaço para você emitir as mensagens que não são ditas com fala, mas lidas por meio de outros recursos, como a linguagem corporal e as intenções que subjazem ao texto. Também é um momento em que o imaginário de quem está ouvindo se encarrega de ir até o cenário da história narrada, concluí-la com a sua própria história, voltar ao tempo real... e fechar a venda!

A intenção

Intenção correta traz uma imagem precisa.

Cada texto contém uma mensagem mais ou menos decifrável, um recado a passar. Não importa se é verbalizado, pensado, escrito ou expresso pelo corpo.

O importante é compreender sua intenção para passar a mensagem correta. O importante é aquilo que a história, lida ou ouvida, diz para quem a lê ou a ouve. Intenção é aquilo que se quer dizer mesmo não dizendo.

Esses são pequenos segredos ocultos pelas cores fortes do texto, até que alguém se disponha a descobri-los, lançando-lhes luz e se propondo a chegar à sua essência.

O que eu quero dizer com isso

> *O contador de histórias trabalha muito próximo da essência, e essência vem a ser tudo aquilo que não se aprende, aquilo que é por si só.*

De nada adianta eu ter um bom texto, um corpo que responde às minhas necessidades expressivas, voz agradável e bem colocada, ter cadência narrativa, produzir imagens com maestria, se eu não tiver claro o que quero dizer, e o que quero que o outro assimile com aquilo que vou dizer. Pequenos erros de interpretação colocam um trabalho a perder. Equívocos que sempre provocam aborrecimentos.

Intenção é aquilo que minha fala e meu corpo querem dizer, mesmo não dizendo. Quando compreendo minha intenção, entendo o que minha fala e meu corpo irão expressar num determinado contexto.

A fala é uma via de mão tripla conduzida pelas intenções. A primeira é o que o texto quer dizer. A segunda é o que o emissor quer dizer contando a história. A terceira é o que o receptor vai entender ao ouvir a história. Quando estas três vias estiverem ordenadas, o entendimento da mensagem será claro e efetivo.

Até este capítulo transitamos por paisagens objetivas e palpáveis. Agora entramos no campo das subjetividades. Cada texto contém uma mensagem, mais ou menos decifrável, um recado a passar. Se você fizer uma leitura atenta, poderá perceber intenções que se revelam nas entrelinhas, naquilo que não é verbalizado, apenas pensado. Essas intenções revelam tanto quanto se fossem ditas. É aqui que mora o perigo.

Uma pessoa dá às suas próprias palavras um sentido que muda de acordo com os seus pensamentos e humores, e com as imagens que acaba de associar. Esse é um risco que corremos diariamente.

Por exemplo, posso passar uma mensagem ambígua, porque acordei atrapalhada e sem entender as causas do meu mau humor. E se este dia for justamente o da apresentação? Vou permitir que o meu estado de ânimo, confuso e turvo, ponha um negócio a perder? Não!

Mais do que nunca entram em campo duas atitudes sábias: primeira, decifrar e entender o porquê de ter acordado do avesso. Segunda, ter a clareza de que a apresentação deve ocorrer de forma satisfatória, independente da atmosfera embaçada que me envolve.

Muito pior é se eu acessar, no meio do caminho, uma imagem-pensamento do estilo: "Eu vou fazer a apresentação do jeito que dá e dane-se este cliente, ele é um chato mesmo, insuportável". Essa intenção, ainda que não dita, é impressa no entorno e seu cliente vai acessá-la, com certeza. Sua apresentação não vai ter sucesso, porque você ativou uma intenção equivocada. Sua intenção deveria ser encantar o sujeito, certo? E, além disso, quem somos nós para julgar o outro, não é?

Porém, se você for para a ação, com clareza das suas intenções, "estou aqui para encantar meu cliente e convencê-lo a comprar a minha ideia, não importa o temperamento do sujeito. Independentemente do meu estado de ânimo, ele vai se envolver com a minha apresentação e ponto", é possível que o sujeito mostre sua outra face, aquela cordata e amigável. Vai saber se a impressão que você teve dele não veio justamente daquele dia que o cara também acordou atrapalhado e sem entender seu mau humor?

Resumindo. Devo dar conta da intenção do texto, ou seja, o que quero dizer com ele. Devo dar conta da intenção do interior do ser que vai dizer o texto, ou seja, como estou me sentindo e como isso se traduz na minha postura.

Outra coisa: frequentemente confunde-se intenção com entonação, que é a variação da altura do som (graves e agudos), numa palavra ou frase. A musicalidade do texto advém de um conjunto de atitudes e técnicas, inclusive dessa variação da altura do som da fala. Mas sem intenção a entonação é apenas uma forma vazia, que não comunica.

Se agirmos pensando apenas na modulação da voz tornaremos as falas caricatas e cairemos nos estereótipos dos discursos. Isso não convence ninguém. A intenção convence, porque traz a verdade ao expor uma força emocional que envolve e encanta.

O segredo do poder das histórias é a compreensão de que o importante não é o que a história quer dizer, mas sim o que ela quer dizer para mim e o que acontece dentro de mim, enquanto ouço aquela história. Sabemos que muitas compras são efetivadas porque o produto ativou memórias significativas para o sujeito-comprador.

O corpo

O corpo fala tanto quanto as palavras.

Abra o seu corpo, expanda a sua luz e deixe que ela tome conta do ambiente. É bem assim. Existe um interruptor interno que pode ser aceso a qualquer momento. As posturas físicas estão intimamente ligadas às posturas mentais e emocionais.

Quer ver? Estar com o peito aberto significa estar disponível a enfrentar a vida com coragem. O peito fechado indica pouca ou nenhuma disponibilidade e ousadia. Permita-se conhecer seu corpo e interagir com ele na sua profissão. Essa condição favorece a narrativa.

Num corpo relaxado a voz flui naturalmente. Ao sentir uma tensão corporal dê um comando ao seu corpo, para que ele desfaça a rigidez. Lembre-se disto em qualquer situação que tenha que se expor em público e utilizar a voz de forma estética.

O corpo se expressa e fala

Contar histórias expressa e corporifica o simbólico, tornando-se a mais pura expressão do ser.

No livro sagrado do cristianismo – a Bíblia –, São Paulo diz: "Vosso corpo é o templo do Espírito Santo, que habita em vós" (1Cor 6,19). Frequentemente esquecemos disso, ou nem mesmo entendemos o seu significado. A contemporaneidade vai solapando algumas crenças e construindo outras. Com relação ao corpo não é diferente. É só ver como a mídia expõe e explora o corpo humano, principalmente o corpo feminino, quase sempre com foco na sedução e no poder.

Mas, no dia a dia, como o tratamos mal. Mal sabemos andar, mal sabemos comer. Mal sabemos respirar. Entupimos o coitado de toxinas e remédios. E queremos que ele funcione bem. Ainda que o objetivo deste livro não seja alertá-lo para a saúde do corpo, não poderia deixar de falar sobre ele, porque numa narrativa tudo se encaixa... Onde? No corpo humano.

Se ele não estiver bem, você não irá pensar bem; se não pensar bem não vai se expressar bem. Comece a olhar para seu corpo, com respeito e reverência. Trate-o com carinho, oferecendo bons pensamentos e bons alimentos. Dê preferência aos não processados, aos orgânicos. Alimente-se bem e com calma. Fique atento com sentimentos e estados de ânimo como a irritação, a raiva e o estresse. Eles liberam uma quantidade absurda de toxinas no organismo.

Crie hábitos saudáveis. Trate-se com carinho. Faça relaxamento antes de dormir. Sempre. Não vá para a cama com as preocupações do dia. Pratique coisas simples, como levantar lentamente e em silêncio, espreguiçando ao acordar. Toque o dia com serenidade e atenção ao tempo presente.

Respire profundamente, principalmente quando tem problemas. Medite todos os dias. Reserve um tempo para você, seja um, cinco, dez ou quinze minutos por dia, e dedique-o ao silêncio. Meditar é fácil. É só sentar e ficar quieto que tudo serena dentro de nós. Deixe os pensamentos irem embora, assim como chegaram. Respire naturalmente.

Com esta prática as atividades cerebrais se acalmam, os ritmos respiratório e cardíaco se regularizam. Isso promove o aumento do fluxo de sangue para as células e induz ao relaxamento mental e muscular. Você irá pensar com mais lucidez.

Esse serenar, resultado do aquietamento das atividades elétricas das células nervosas (neurônios), reduz o nível do cortisol, hormônio responsável pelo estresse. Aumenta a produção de serotonina e endorfina, neurotransmissores que promovem alegria e bom humor, e, consequentemente, entusiasmo, autoestima, sensação de bem-estar, e por aí vai. Com o nível de ansiedade baixo, o nível de energia criativa aumenta.

Esse deveria ser o estado preparatório para uma apresentação. Meditar, entrar no estado de atenção e concentração, e transmitir seu recado com precisão. Geralmente, não é isso que acontece. Vamos para uma situação de *performance*, transbordando de preocupações e ansiedade.

A omissão é o comportamento mais comum do homem contemporâneo, no que diz respeito ao seu corpo. Alguns vão para a academia, mas a intenção é ter um corpo sarado e belo. Pouco se pensa nas práticas corporais para construir um corpo flexível, relaxado, atento... e belo.

Precisamos conhecer e ter consciência do nosso corpo e do que nos move. Movimento é o deslocamento no espaço por meio de uma perda momentânea do contato com o chão. Três elementos o caracterizam: o espaço, a dinâmica e o tempo. Conhecê-los nos ajuda a tomar consciência do corpo e nos movimentarmos com mais harmonia. Harmonia não é um atributo apenas das mulheres, concorda? Os homens podem ser harmoniosos sem perder a masculinidade.

Para nos locomover no espaço dispomos de sete direções (frente, atrás, lado direito e esquerdo, diagonais, acima, abaixo), e não apenas uma, o andar para frente. Ter esse conhecimento amplia nossas possibilidades expressivas e facilita nosso trânsito. Para sair de um espaço congestionado não basta querer ir em frente. Muitas vezes precisamos andar para a direita, depois um pouquinho para trás e em seguida à esquerda, para retomar o caminho em frente.

O movimento se desenvolve em diferentes níveis: no plano alto, médio, baixo. Imagine que você está numa apresentação e, numa determinada passagem do texto, ele pede que você se encolha (plano médio), para passar a intenção que deseja.

O movimento tem tamanho. Nosso gesto pode ser pequeno, médio ou grande. Podemos ocupar muito espaço, pouco espaço ou um espaço intermediário. Há pessoas que são "espaçosas". Não percebem o espaço do outro. Ocupam muito espaço.

Ainda no item espaço, podemos levar o movimento para longe de nós ou para perto de nós. Geralmente o estabanado não tem noção do espaço, não dimensiona seu gesto. Imagina isso numa apresentação.

O elemento dinâmica se relaciona com força (leve, média, forte) que se emprega ao executar um movimento. Quanta gente não tem noção disso. Um simples gesto pode machucar. E, por fim, o elemento tempo que está relacionado com a velocidade empregada para fazer o movimento (devagar, médio e rápido). Adiante vou propor exercícios simples para treinar esses elementos e ampliar a consciência corporal.

Esse é o nosso corpo. Ele tem peso e leveza. Ao deslocar-se ou mesmo parado, o peso deve ser distribuído, proporcionalmente, entre as duas pernas. Sobrecarregar mais um lado do que o outro desequilibra a cadeia muscular, que se contrai e impede o fluxo harmonioso da energia vital. Adquirimos, sem perceber, posturas corporais que são prejudiciais ao corpo e, consequentemente, à voz.

Devemos ficar atentos à musculatura rija e fazer exercícios para soltá-la, senão toda a cadeia muscular se contrai e viramos um corpo de dor.

Agora vamos pensar na expressividade dessa máquina fantástica. Se pensarmos nas pessoas que usam o corpo como instrumento de trabalho, inserindo a voz nesse contexto, podemos dizer que são poucos os que exploram suas potencialidades corporais e, quando o fazem, reduzem a ampla gama de possibilidades oferecidas pelo corpo, em poucos e convencionais movimentos carregados de estereótipos.

Lembre-se, o corpo fala. Observe sua postura e o perfeito equilíbrio do eixo corporal. Faça um exercício de visualização: em pé, parado, com as pernas juntas, imagine um fio que desce do céu, passa pelo centro da sua cabeça, pelo centro do seu corpo e se liga à terra descendo por entre os calcanhares. Cresça a partir dessa referência. Estique-se para cima como se a ponta da cabeça quisesse tocar o céu. Projete-se para baixo como se seus pés quisessem enraizar-se na terra.

Em seguida visualize um outro fio, perpendicular ao primeiro, que atravessa seu corpo passando abaixo do osso externo. Abra os braços em forma de cruz e imagine esse fio saindo pela ponta dos dedos médios e expandindo seu peito. Esses fios invisíveis são linhas de força e nos auxiliam a projetar o corpo no espaço.

O nosso ponto do equilíbrio situa-se precisamente quatro dedos abaixo do umbigo. Para senti-lo contraia levemente o abdome e os glúteos. Experimente suspender uma perna e fazer alguns movimentos. Em seguida faça a mesma coisa com o abdome e as nádegas soltas. Percebe a diferença?

Existem pontos de força no corpo, centros de energia, também chamados de chacras, e que podem ser ativados quando necessitamos. Um deles, a ser considerado numa situação de *performance*, é o chacra cardíaco, o centro do amor universal e que se situa no meio do peito. Ele é quem liga o mundo de baixo ao mundo de cima. As dimensões materiais às dimensões espirituais. Abaixo do cardíaco existem três chacras ligados à materialidade e à terra. Acima do cardíaco outros três ligados à criação e ao céu.

É no cardíaco que deve estar a nossa intenção ao nos relacionarmos com o outro; nesse caso, subentenda apresentar a história para o outro. Desse centro jorra confiança, generosidade e compaixão. Essas qualidades irão preencher todo o espaço por onde a história vai soar, ainda que você esteja em uma situação puramente técnica, afinal, quem está à sua frente é um ser humano, certo?

Para que essa energia flua é preciso estar de peito aberto, literalmente. Perceba que pessoas com autoestima baixa têm os ombros curvados para dentro e o peito contraído.

Seja econômico na sua gestualidade, mas ao criá-la seja preciso, dê energia e vivacidade a ela. Use poucos movimentos, mas que sejam claros e bem-elaborados. Um narrador que gesticula demais, polui a cena e provoca dispersão no espectador.

Ao narrar, você constrói uma *performance*. Para isso, o corpo deve estar confortável e relaxado, com a tonicidade exata para sua movimentação no espaço. Um corpo mole, frouxo, sem expressão, denota apatia, falta de presença e criatividade. Já um corpo rígido, tenso, não permite que se imprima nele marcas de afetividade e emite uma sensação de austeridade, às vezes arrogância. Além do que, a ausência de flexibilidade do narrador provoca desconforto na plateia.

Ande pouco, mas tenha claro para onde você quer se dirigir. Para quem você quer oferecer a sua fala? Andar demais retira a força do texto e dispersa a plateia. Esse exercício deve ser feito antes e não durante a apresentação da sua história. Supõe-se que você já treinou essa movimentação sem plateia. Hora da cena é hora de fazer bonito e convencer.

Lembra-se do capítulo sobre imagens? O contador de histórias vê o que cria enquanto cria, e essa condição é dada pelo olhar. Ao acompanhar com os olhos o movimento que concebe, ele projeta energia para as imagens, e dá vida a elas. Com o corpo acontece algo semelhante. Crie com o corpo todo.

As formas criadas vão se corporificando diante do espectador, podendo ou não se tornarem significativas e atuantes. Mas para que tudo isso ocorra você precisa ter consciência do seu corpo falante e expressivo. Deve adequá-lo a essa função, com um treino rigoroso e disciplinado.

Coisas simples ajudam a trazer a consciência do corpo. Vou passar uma sequência de pequenas ações que você poderá exercitar sozinho.

A postura no espaço

1) Visualize as linhas imaginárias que atravessam seu corpo e expanda-o para cima, para baixo e para os lados. Contraia o abdome e os glúteos. Fique um tempo nessa postura, com os olhos fechados, e perceba como se sente.

2) Procure manter a postura adquirida e ande devagar, observando a passagem do peso do corpo, de um lado para outro. Novamente feche os olhos e procure sentir essa transferência de peso.

3) Ande rápido e perceba a sensação corporal provocada por essa alteração. Você percebe os passos se formando? Ou ao andar rápido se perde a noção de transferência de peso?

4) Ande num ritmo intermediário entre os dois primeiros e perceba a diferença. No dia a dia como você se locomove? Você tem consciência dos seus passos ou apenas projeta o corpo para frente? Quando você anda percebe as pessoas, os objetos, ou anda como se tivesse vestindo antolhos?

Direção

1) Assuma sua posição no espaço e ande: para frente, para trás, para a direita, para a esquerda, diagonal direita frente, diagonal direita atrás, diagonal esquerda frente, diagonal esquerda atrás. Ande três passos em cada direção e faça a mudança de rota. Mantenha o corpo estabilizado e relaxado.

Existem pessoas que não conseguem fazer uma linha reta ao andar para trás. Você consegue? Vamos exercitar? Proponha-se desafios, agregue a direção com o ritmo: andar mais rápido para frente, andar mais devagar para trás.

Dimensão

1) Novamente visualize as linhas imaginárias que atravessam seu corpo e expanda-o para cima, para baixo e para os lados. Contraia o abdome e os glúteos. Ande fazendo movimentos amplos (para melhor percepção, use os mesmos movimentos nas três

situações sugeridas), como se quisesse ocupar todo o espaço da sala. Perceba a sensação que isso provoca no corpo.

2) Ande fazendo movimentos pequenos e outra vez perceba qual a mensagem que seu corpo emite.

3) Ande fazendo o mesmo movimento usando um tamanho intermediário e perceba a diferença entre os dois primeiros. No seu dia a dia, você ocupa muito espaço, pouco espaço ou um espaço justo para o seu corpo?

Dinâmica (força)

1) Repita a visualização inicial da sua postura no espaço e crie um gesto com os braços. Empregue muita força ao fazer o movimento. Como seu corpo se comporta? O que ele sente?

2) Faça o mesmo movimento com leveza, quase ausência de peso. Sinta a diferença para a primeira versão do exercício e ouça seu corpo.

3) Busque uma força muscular intermediária entre as duas anteriores e veja o que o corpo lhe diz. Qual delas é mais confortável? Qual lhe traz mais domínio dos movimentos? Você tem noção de quanta força emprega nas suas ações cotidianas?

Tempo (fluência e ritmo)

1) Novamente visualize as linhas imaginárias, expanda seu corpo para todas as direções. Contraia o abdome e os glúteos. Ande mais rápido que o seu normal e de forma fluente.

2) Ande mais rápido que o seu normal de forma intermitente, ou seja, dando pequenas paradas, como se andasse aos trancos.

3) Ande mais lento que o seu normal e de forma fluente.

4) Ande mais lento que o seu normal e de forma intermitente.

5) E no dia a dia, como é sua forma de andar? Você anda rápido? Devagar? Anda num fluxo contínuo ou intermitente?

Quando essas pequenas noções básicas e necessárias à observação das ações corporais estão incorporadas, elas respondem mais rápido as exigências do dia a dia. Experimente.

Outra tarefa para o contador de histórias é corporizar o pensamento simbólico. Isso quer dizer que, sempre que pensamos, expressamos o plano das ideias através de palavras ou gestos. Atuamos de acordo com as formas-pensamentos que se estendem para fora de nós, construindo no entorno uma atmosfera psíquica que caracteriza a nossa presença.

Observe as pessoas. Algumas transmitem paz e tranquilidade, seja pelo olhar ou pelo movimento do corpo. Outras transmitem medo e repulsa. Somos o resultado imediato do que pensamos. E o nosso corpo, nossa melhor expressão, revela aquilo que somos por dentro.

A voz

Voz – uma identidade.

Chegamos à matéria-prima do contador de histórias: a voz. Ainda que tenhamos um capítulo só para ela, o que fizemos até aqui foi falar dela, ainda que por meio de outros elementos.

Primeira pista do caminho: em um corpo relaxado a voz flui naturalmente.

Ao sentir uma tensão corporal, dê um comando ao seu corpo para que ele desfaça a rigidez. Lembre-se disso em qualquer situação que tenha de se expor em público e utilizar sua voz de forma estética.

Minha identidade sonora

O contador de histórias empresta seu corpo, sua voz e seus afetos ao texto que ele narra, e o texto deixa de ser signo para se tornar significado.

Como é sua voz? Como você a reconhece? Como os outros lhe identificam por meio da voz? Quais as suas possibilidades vocais?

Perguntas a serem respondidas ao se falar de algo tão imaterial quanto a voz.

A voz é o resultado dos sons produzidos pelas vibrações das cordas, ou pregas vocais, quando submetidas à pressão do ar que percorre a laringe, o órgão fonador. Para manter a mobilidade da laringe e sua condição de relaxamento devemos manter a cabeça num ângulo de 90° em relação ao pescoço.

Pensar voz é pensar respiração. Como anda a sua? Curta, tensa, plena, relaxada? Inspirar. Expirar. O ritmo da vida. O alimento do som. Existem inúmeras técnicas de respiração e cada uma segue uma orientação. Para um praticante de ioga, pede-se que a respiração seja ampla e que expanda o abdome ao inspirar. Já para um ator, pede-se que use a região pélvica como apoio respiratório e que a mesma seja diafragmática. Logo, o abdome e os glúteos devem estar contraídos. Controle na inspiração para que entre pouco ar na laringe. Excesso de ar dificulta a fala e produz rouquidão. Excesso de ar também provoca tensão, que é identificada pela garganta estufada e veias saltadas.

Vamos pensar assim: se o objetivo é o relaxamento geral, a respiração deve ser ampla, trazendo o ar para todo o corpo para oxigenar as células, desintoxicar e soltar as articulações e a musculatura. Inspira e expira pelo nariz. Ao inspirar o ar desce para o abdome e sobe para o diafragma. Na expiração, caminho inverso. Primeiro esvazia o diafragma e, em seguida, o abdôme.

Na fala estética, respiração centrada no diafragma, glúteos levemente contraídos e ventre empurrado para dentro, dando apoio à voz. Respiração curta e natural. Postura ereta, ombros e quadris encaixados. Corpo aprumado e ausência de tensões para a respiração ser natural e fluida, afinal nosso organismo está apto a exercer essa função sem esforço.

Sobrecarga na região dos ombros acarreta o bloqueio no movimento dos braços e contrai a região do pescoço, prejuízo para o aparelho fonador. Tensionar ou travar os joelhos também favorece o aparecimento de tensão na musculatura posterior do corpo, consequentemente, atinge a região do pescoço, que se estende às pregas vocais e provoca rouquidão.

Reconheça que a voz é um reflexo da personalidade. Pessoas agitadas e nervosas geralmente falam rápido e com voz esganiçada. Identifique qual é o seu timbre. Timbre é a qualidade do som, que nos permite diferenciar uma voz de outra. Ela pode ser voz forte, fraca, grave, aguda, sensual, arrogante, manhosa, autoritária. Qual é a sua voz? Sim. A voz muda com o passar dos anos.

Reconheça sua extensão vocal. Você tem uma boa projeção sonora? Se a projeção da sua voz no espaço for pequena, identifique se a causa é a timidez ou o desconhecimento das técnicas de projeção sonora. Ou você foi agraciado com um vozeirão daqueles que preenche um auditório? E se esse for seu caso, sabe como dosá-la para quando estiver numa situação mais intimista?

Hora de falar sobre a saúde vocal. Lembre-se, o cigarro tira o brilho da voz, tornando-a grave e embaçada. Drogas, nem se fala. Fuja delas. O máximo do desamor é se drogar. Respire. Dá barato.

Nunca raspe a garganta para expelir catarros. Evite os gritos. Fique atento com gelados e com ar-condicionado. Eles ressecam o aparelho respiratório. Antes de uma apresentação, evite comer, chupar balas, beber café. Apenas água na temperatura natural. Beba pequenos goles. Fique atento também às bebidas muito quentes e ao excesso de álcool. Eles minam a saúde da voz.

Olhe de perto as delicadezas da voz como a boa articulação das palavras, a musicalidade e o ritmo. Você pode se exercitar sozinho ou com o auxílio de um profissional. A leitura em voz alta é um bom caminho. Já falamos sobre isso. Grave a sua leitura e se ouça. Você gosta do que ouve? Precisa mudar alguma coisa? Aprimorar, talvez? Ou já dá para encarar a plateia? Vai lá. Sempre existe uma primeira vez. Na segunda fica mais fácil, na terceira um pouco mais, na décima você vai sentir o que é ter domínio do corpo e da voz.

A preparação

Resumo da caminhada.

Memorizar o roteiro ou o texto. Flexibilizar o corpo. Reconhecer e preparar a voz. Respirar. Articular bem as palavras. Ver o outro. Respirar. Visualizar as palavras. Construir imagens. Deixar fluir as imagens guardadas em algum canto escondido do seu ser. Respirar. Interiorizar o ritmo. Andar no ritmo certo. Entender a intenção. Respirar. Reconhecer seu estilo narrativo. Respirar. Encantar o ouvinte. Respirar. Aprovar seu projeto.

O bom contador de histórias é aquele que sabe contar a sua própria história. Experimente. Contagie seu cliente. Envolva-o com os afetos contidos no seu texto.

Preparando-se para a narrativa

O contador de histórias, como um mágico, faz aparecer o inexistente, e nos convence que aquilo existe.

A mitologia grega traz inúmeras metáforas que podem ser úteis para entender alguns processos da narração oral. Existe uma personagem chamada Mnemósine, filha do Céu e da Terra. Ela foi amada por Zeus durante nove noites e, após nove meses, deu à luz as musas. Mnemósine personifica a memória, a lembrança. Que seria do homem se ele não retivesse memórias? Não faria história. Tampouco contaria histórias.

"A voz poética é memória", diz Paul Zumthor[6], estudioso da oralidade. A memória é responsável pela sobrevivência de grupos sociais. Ela é seletiva e criteriosa e guarda, preferencialmente, o que é validado pelos sentidos e afetos. Se o texto ouvido ou lido não imprime uma impressão forte, ele não é retido pela memória.

O que for significativo permanece vivo, por menor que seja o traço que faz a conexão com o cérebro: um rosto, um som, um perfume, uma palavra. Um átimo de informação é suficiente para que ocorram processos sinápticos no interior do cérebro, que entra em ressonância com outras informações e processa uma situação, um entendimento, uma conclusão.

---

6. ZUMTHOR, P. *A letra e a voz* – A "literatura" medieval. São Paulo: Companhia das Letras, 2001.

Para nós, neste texto, interessa apenas a memória de curta duração e seus limites restritos, tanto ao que se refere ao armazenamento das informações quanto ao tempo em que as mesmas serão armazenadas na memória.

Ao trabalho. Lembra-se do processo? Previamente, você vai memorizar um roteiro construído. Depois, ler o texto, que deve ser de boa qualidade, várias vezes. Se durante o processo de memorização você sentir dificuldade em manter a continuidade da história, leia mais, tantas vezes quantas forem necessárias para que ela se fixe na memória.

Leia inclusive outros textos, outros livros. Muitas vezes, a dificuldade em se expressar por palavras provém da ausência de familiaridade com a sequência lógica de pensamentos, e a leitura é uma boa auxiliar nessa tarefa. Se você não for um bom leitor, dificilmente será um bom narrador. Leia em voz alta, ouça o que você está lendo. Verá que muitos vícios de linguagem podem ser facilmente substituídos por uma pontuação correta.

Memorizado o texto, inicia-se o processo de arquitetura da sua apresentação. Quais são as palavras-imagens-chave que vou usar para oferecer meu texto ao ouvinte? O texto oferece espaço para imagens sonoras? Cabe usar alguma onomatopeia, ou algum som que qualifique alguma passagem?

E as imagens verbais? O que eu posso construir para essa apresentação? O que posso fazer com meus braços? E com as mãos? Vou apresentar em pé ou sentada? Vou usar recursos visuais? Quais? Como? Se for usar uma mídia digital, apresentarei a história e a mídia simultaneamente? Devo iniciar a apresentação narrando um pequeno texto ficcional, contando uma pequena história?

Todos nós temos qualidades positivas e negativas. Elas nos identificam. As qualidades positivas devem ser preservadas e valorizadas. As qualidades negativas trabalhadas e superadas. Saber qual é a forma como nós nos expressamos e o que possuímos de mais genuíno é sem dúvida um ganho. Alguns narram com delicadeza e suavidade. Outros são vigorosos e exuberantes. Alguns são musicais. Outros diretos e objetivos.

Seja qual for a sua marca, que seja envolvente e marcante. Ela é uma herança da sua história, uma conquista, e deve-se tratá-la com carinho. São essas peculiaridades que farão a diferença numa apresentação. Afinal, você já é um contador de histórias. Se está lendo este livro é porque tem alguma identificação com a arte de falar em público e busca o aprimoramento das suas habilidades.

Uma dica que lhe dou: aceite seu estilo e exercite a narrativa com os recursos que lhe são próprios. Deixe de lado frases chavões que nos desclassificam: "Ah! Eu nunca vou narrar como você". "Eu queria ser como você!"

Devemos reconhecer as qualidades negativas e tratar de transformá-las em positivas, ou removê-las de uma vez. Se você tem a consciência de que sua voz tem pouca projeção no espaço, busque um profissional para trabalhar essa característica, ou use um microfone. Cada um de nós deve saber o que é preciso transformar para se expressar melhor e ser mais convincente. Tomar contato com o que quer mudar é o primeiro passo para mudar.

Sinta-se confortável e no eixo (corporal, mental, emocional) para encarar a sua *performance*. Quando estamos fora do centro, a gente gagueja, se enrosca nas palavras, nos gráficos, no computador, nas imagens apresentadas. Confunde a narrativa. Divaga. Faz digressões exageradas e não consegue retomar o fio da história. Acabou. O projeto pode até ser bom, mas não é aprovado por falta de convencimento.

Para concluir este capítulo, gostaria de lembrar uma citação do poeta alemão Goethe. Ele diz que, "depois de todos os nossos estudos, adquirimos somente aquilo que pomos em prática".

A narração

A narração como um ato de entrega.

Não importa em qual situação você vai contar uma história. Ou com que objetivo você vai contar uma história. Ou ainda, para quem você vai contar uma história. Sempre que o fizer, faça com o coração.

Algumas citações marcam a vida da gente. Carl Gustav Jung, psiquiatra suíço e grande pensador da alma humana, registrou em seu livro *Memórias, sonhos, reflexões* que a liberdade é a condição de fazer de bom grado aquilo que se deve fazer. Concordo plenamente com ele. O que tiver de ser feito que seja bem-feito.

Chegou a hora de colocar em prática tudo o que você viu neste breve texto. Encare a narrativa como um ato de entrega e entregue ao outro o que você tem de melhor. Esse é o caminho para o sucesso. Conte bem a sua história.

Contar com o coração

Contar com o coração significa conjugar o verbo compartilhar, doar o que temos de melhor, em qualquer situação. Essa é a condição essencial para termos sucesso naquilo que a gente faz.

Lembra-se do primeiro caminho? Leia muito. Mas não leia apenas periódicos e revistas semanais. Leia boa literatura. Por meio da história do outro nós nos habilitamos a construir histórias. Além dessa competência, promovida pelo texto literário – a capacidade de criar bons textos –, a literatura favorece uma vivência, à qual damos o nome de alteridade.

Ou seja, o texto literário induz o ouvinte a viver a história do personagem, sem que ele corra os riscos que o personagem corre. Ao nos deixarmos levar pela narrativa experimentamos situações singulares. Provamos afetos, exercitamos habilidades e voltamos dessa experiência modificados. Ao ler uma história com alma, algo de bem significativo se processa dentro de nós, silenciosamente.

Ao ler as histórias de outros somos atingidos por um facho de luz em nosso próprio entendimento. Essa subjetividade implícita na literatura amplia a consciência ética e estética do ouvinte. As boas histórias, as que se deixam permear pela alma do mundo, provocam a sensação de pertencimento a algo maior. Por meio delas, nos unimos aos seres de outras épocas e culturas, vivemos seus afetos, somos tocados pelo mistério da vida.

Uma história desse gênero nos leva a transcender os limites do nosso mundo pessoal, marcado por dores e alegrias, para nos introduzir na universalidade da experiência humana. Essas histórias têm o poder de nos tocar, nos comover, nos inspirar.

Através das histórias dos outros aprendemos a rir dos nossos reveses, valorizar as nossas conquistas, vislumbrar novas perspectivas, reconhecer nossos afetos e perceber que o sofrimento ou a felicidade, a compaixão ou o egoísmo, o amor ou a dor, a coragem ou a covardia, não são privilégios de alguns. Antes, são condições da natureza humana. As histórias com alma também nos lembram que a busca pela paz e o anseio por uma vida de harmonia e sem conflitos é uma busca universal, e que podemos consegui-la.

Essa sensação de pertencimento a algo maior sugerido pela literatura nos faz unos, pois facilita a experiência com o sagrado. Ser tocado pelo sagrado provoca a expansão da percepção, que pode ser sentida com uma mudança do nível da consciência. Isso faz toda a diferença. Ao viver essa experiência nunca mais seremos os mesmos.

Em meu livro *Contar e encantar – Pequenos segredos da narrativa*[7] eu falo que "narrar com o coração implica estar internamente disponível, doando o que temos de mais genuíno, e entregando-se a essa tarefa com prazer e boa vontade. Ao contar uma história doamos o nosso

---

7. BUSATTO, C. *Contar e encantar*... Op. cit. [Primeiro livro que publiquei sobre as técnicas narrativas e dirigido ao universo da educação].

afeto, a nossa experiência de vida, abrimos o peito e compactuamos com o que o conto quer dizer".

Ainda que o foco deste livro seja o universo corporativo, um mundo regido pela objetividade e racionalidade nas negociações, ele é um mundo feito de gente, e gente tem coração.

Ainda que o texto, ou roteiro a ser narrado neste contexto, seja um texto técnico e breve, ele pode ser humanizado pelos afetos de quem o narra. Ele não deixa de ser uma história oralizada, em situação de *performance*, situação para estar presente com o coração.

Li um livro na minha adolescência, do antropólogo Carlos Castañeda, chamado *Dom Juan*. Nele, Castañeda relatava as experiências que fez junto a um xamã norte-americano. Lá pelas tantas, ele diz: "Para mim só existe percorrer os caminhos que tenham coração, qualquer caminho que tenha coração. Por ali eu viajo, e o único desafio que vale a pena é percorrer toda a sua extensão".

Essa citação foi bem significativa para a minha caminhada. Torço para que ela faça eco também em você.

Referências

BUSATTO, C. *A arte de contar histórias no século XXI* – Tradição e ciberespaço. 4. ed. Petrópolis: Vozes, 2013.

______. *Contar e encantar* – Pequenos segredos da narrativa. 8. ed. Petrópolis: Vozes, 2012.

CALVINO, Í. *Seis propostas para o próximo milênio*. São Paulo: Companhia das Letras, 1990.

CASTAÑEDA, C. *A erva do diabo*. Rio de Janeiro: Record, 1968.

JUNG, C.G. *Memórias, sonhos, reflexões*. São Paulo: Nova Fronteira, 2006.

STANISLAVSKI, C. *Preparação do ator*. Rio de Janeiro: Civilização Brasileira, 1964.

ZUMTHOR, P. *A letra e a voz*: a "literatura" medieval. São Paulo: Companhia das Letras, 2001.